Für Greta

Danke für die Förderung an Suomen kulttuurirahasto,
Kuvittajat ry und die Ornamo-Stiftung.
Danke an Hasse Hyvärinen und Markku Liinamaa
vom Naturwissenschaftlichen Museum für die
Ermutigung und den Expertenrat.

Otusten joukossa
Text Copyright © Aino Järvinen, Laura Merz and Etana Editions, Helsinki 2019
Illustrations Copyright © Laura Merz and Etana Editions, Helsinki 2019
German edition published in agreement with Koja agency.

Für die deutsche Ausgabe:

© 2023 Mixtvision Verlag, Leopoldstraße 25, 80802 München
www.mixtvision.de
Alle Rechte vorbehalten.
Übersetzung: Tanja Küddelsmann
Satz: Veronika Preisler, München
Druck und Bindung: Grafisches Centrum Cuno, Calbe

ISBN: 978-3-95854-183-2

Dieses Buch wurde mit finanzieller Unterstützung
von FILI produziert.

Laura Merz • Aino Järvinen

WECKRUF DER TIERE

Aus dem Finnischen von
Tanja Küddelsmann

MIXTVISION
Weiter. Erzählen.

UNSER BLAUER PLANET

Zwischen eiskalten und glühend heißen Planeten im Weltraum
dreht sich ein blau und grün leuchtender Ball,
der von der Sonne auf eine perfekte Temperatur gebracht wird.
Unser Heimatplanet, die Erde.

Die Natur hat unsere Erde erobert
und sie zum Blühen und Gedeihen gebracht.
Auf dem Land, im Wasser und in der Luft lebt eine
unglaubliche Vielfalt an Lebewesen, groß und klein.

Einem von diesen Lebewesen kann man nicht aus dem Weg gehen.
Es hat das Land und die Ozeane in Besitz genommen.
Es erfindet alles Mögliche und hinterlässt seine Spuren überall:
der Mensch – ein besonders intelligentes und tüchtiges Wesen!
Er fliegt sogar in den Weltraum, um zu sehen,
wie der Erdball von dort oben aussieht.

Wie schön unser Heimatplanet ist!
Aber von oben gesehen ist er auch erstaunlich klein.

Blaue Meere, grüne Wälder und saubere Luft sollte es eigentlich nicht
nur für die Milliarden Menschen, sondern für alle Lebewesen geben.
Jedes von ihnen hat seine Aufgabe im großen Gefüge der Natur.

Der Erdball gehört uns nicht allein.

Doch die wichtigste Aufgabe der Welt ist ganz allein unsere.
Wenn wir die Natur schützen, schützen wir uns selbst
und alle anderen Lebewesen auf der Welt.

Der Ball liegt bei uns.

OHNE MEER KEIN LEBEN

Wenn du das Rauschen des Meeres hörst, hörst du die Erde atmen.
Durch die Kraft des Mondes steigt und fällt der Wasserspiegel
im Spiel der Gezeiten, die Wellen stehen niemals still.
Vom Meer kommen Regen und Sturm, und die Meeresströmungen
bringen Wärme auch dorthin, wo es kalt ist.
Die Algenwälder in den Ozeanen erzeugen Sauerstoff,
den wir alle atmen.

Unter der Meeresoberfläche wimmelt es von Leben.
Früher wussten die Menschen kaum etwas darüber,
aber jetzt können wir tief hinabtauchen,
die Unterwasserwelt erforschen und die Lebewesen,
die dort wohnen, filmen und fotografieren.

Ist es nicht toll, dass der Mensch schon so viel entdeckt hat?
Wir reisen über das Meer, wir segeln und machen Kreuzfahrten.
Schiffe bringen uns Waren aus fernen Ländern.
Menschen, die es eilig haben, fliegen mit dem Flugzeug direkt in Länder
mit warmen Sandstränden, um das herrliche Meer zu genießen.

Aber wenn am Strand ein ölverschmierter Vogel auftaucht
und Plastikmüll uns wie ein großes Floß entgegenschwimmt –
dann verändert sich die Aussicht auf das Meer.

Sollten wir nicht öfter innehalten und darüber nachdenken, was wir tun?

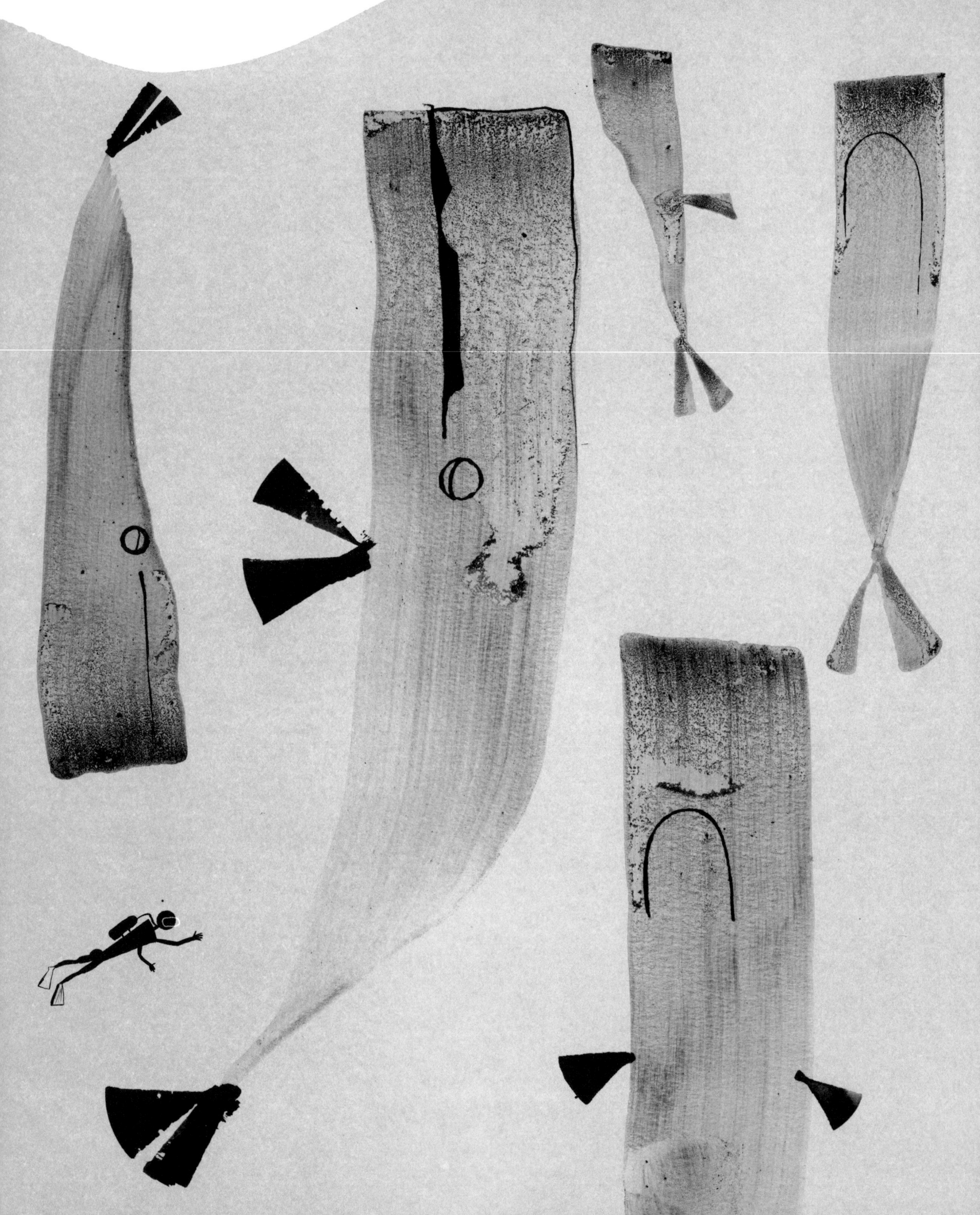

SCHLUMMERN IM SCHOSS DER WELLEN

Vom Deck eines Ozeandampfers kann man manchmal sehen,
wie aus dem Meer plötzlich eine hohe Wasserfontäne aufsteigt.
Ein Pottwal ist aufgetaucht, um zu atmen.
Kurz darauf winkt der Riese mit seiner gewaltigen Schwanzflosse
und taucht wieder ins Wasser.

Aber was ist da unter der Wasseroberfläche los?
Die Pottwale stehen auf einmal senkrecht!
Sie haben sich versammelt
und treiben regungslos im Wasser
wie im Meer aufgehängte Säcke.
Und was tun sie da? Sie schlafen!
Das dauert nur eine Viertelstunde,
dann schwimmen sie weiter.

Ob es auf der Welt noch ein zweites Lebewesen gibt,
das sich zum Schlafen hinstellt?

SCHLAFLOS UND LEISE IN DEN TIEFEN DES MEERES

Der Weiße Hai wird von Menschen in Filmen und Geschichten oft als Killer beschrieben, der mit seinen scharfen Zähnen Strandurlaubern Angst macht.

Doch es kommt nur sehr selten vor,
dass ein Hai einen Menschen tötet.
Stattdessen werden jedes Jahr Millionen Haie
von Menschen aus dem Meer gefischt.
Der mächtige Räuber der Ozeane kann sich gegen
die gewaltigen Fangnetze der Menschen nicht wehren.

Lautlos zieht der Hai in den Tiefen des Meeres seine Bahn.
Niemals hält er an, um zu schlafen, denn durch seine Kiemen muss
ununterbrochen Wasser fließen.
Sogar im Halbschlaf lässt sich der Hai noch mit der Strömung treiben.

Neben einem süßen weißen Teddybären ist so ein finsterer Geselle
als Kuscheltier nicht so gut geeignet.
Dabei kann ein Eisbär Menschen gefährlicher werden als ein Hai.

Beide gehören zu den Tieren, denen wir lieber nicht zu nahe
kommen sollten.
So wie die meisten Lebewesen hält sich auch der Hai
am liebsten von Menschen fern.

UNTERWASSERMUSIK

Anders als Haie sind Wale nicht leise, im Gegenteil: Sie singen.
Der Schall pflanzt sich im Meer über tausende Kilometer fort.
Man hat die Musik der Wale im Wasser aufgenommen und erforscht.

Oft singen Wale aus derselben Gegend eine gemeinsame Melodie.
Im Laufe der Zeit kann sich so ein Lied aber auch verändern:
Vielleicht hat ein Wal genug davon und erfindet einen neuen Gesang.
Der alte gerät in Vergessenheit wie ein Hit, den niemand mehr hören will, und dafür verbreitet sich das neue Lied im Meer immer weiter.

Manchmal bleibt den Walen ihr Gesang aber auch im Hals stecken.
Wenn eine weggeworfene Plastiktüte sich in seinen Körper verirrt,
dann geht es dem riesigen Tier sehr schlecht.

Was will der Wal mit seinem Lied sagen?
Vielleicht feiert er seine Freiheit
und den Reichtum der Unterwasserwelt:
Das Meer ist das Tollste, was es gibt!

PFERD ODER FISCH?

Tief unten im Meer tanzt das Seepferdchen
stundenlang aufrecht seinen Balztanz.
Es sieht gar nicht aus wie ein Fisch!
Sogar sein Schwanz ist gebogen, und es kann sich
damit an seinem Partner festhalten.

Sein Kopf sieht aus wie bei einem Pferd,
und im Bauch hat es einen Beutel wie ein Känguru.
In diesem Beutel entwickeln sich die Jungen,
die später zu Tausenden herausgeschleudert werden.
Und weißt du, wer den Beutel trägt?
Nicht die Mutter, sondern der Vater!

Das Seepferdchen ist die einzige Tierart auf der Welt,
bei der die Väter die Jungen austragen.

Was ist dieses Wesen also?
Ob du es glaubst oder nicht,
das Seepferdchen ist tatsächlich ein Fisch.

ER SCHIESST UNTER WASSER

Wenn der Pistolenkrebs sich zum Schießen bereit macht und seine
Schere blitzartig schließt, entsteht ein superstarker Wasserstrahl
und dann eine kochend heiße Luftblase, die knallt wie eine Explosion.
Aber wie funktioniert das tief unten im Meer?

Für das menschliche Ohr ist diese Explosion nur ein kleines Knacken,
aber ein winziges Krebstier kann sich davor fast zu Tode erschrecken.
Dann ist es gelähmt, und das heißt:
Der Pistolenkrebs kann sich über seine Beute hermachen.

Ein Fisch namens Grundel versteht sich dafür gut mit dem Pistolenkrebs.
Der Krebs, der fast blind ist, lässt den Fisch in seiner Höhle wohnen,
wo die Grundel wie eine Art Leibwächter den Krebs vor größeren
Räubern beschützt.

Das alles hat ein Lebewesen herausgefunden,
das mit großer Begeisterung das Meer erforscht – der Mensch.
Im Meer wird also einerseits geschossen,
aber manche Arten arbeiten auch zusammen.

WÜRDE UND ZURÜCKHALTUNG

Die Riesenschildkröte kann ein Jahr ohne Essen und Trinken überleben.
Da bekommt man ja schon Hunger, wenn man nur daran denkt!
Und diese zähen Tiere können bis zu zweihundert Jahre alt werden.

Bevor sie ihre Eier ablegt, gräbt die Schildkröte ein Loch in den Sand.
Die Temperatur im Boden entscheidet darüber,
welches Geschlecht die Jungen später haben:
Wenn es sehr warm ist, entwickeln sich mehr Weibchen.

Erstaunlich, welche Auswirkungen die Klimaerwärmung haben kann!

Wenn Schildkröten sich streiten, tun sie das ziemlich zurückhaltend,
sie tragen keine blutigen Kämpfe aus.
Die Rivalen recken einfach den Kopf so weit nach oben, wie sie können,
und starren sich mit offenem Maul gegenseitig an.
Wer den Kopf weiter nach oben recken kann, hat gewonnen.
Dann lässt der Verlierer den Kopf hängen und verzieht sich.

So bedächtig kann man Machtkämpfe also auch austragen.

FRIEDLICHER RIESE

Der Panda lebt in seinem Bambusdschungel ein friedliches Leben.
Er verbringt den Tag vor allem mit dem Schälen von jungem Bambus.
Dabei helfen ihm seine starken Raubtierzähne.
Trotz dieser Zähne hat er sich im Laufe von Millionen Jahren zum
Pflanzenfresser entwickelt.
Weil Bambus nicht besonders viele Nährstoffe enthält,
muss ein Panda sehr viel fressen.
Und was kommt dabei heraus?
Er muss x-mal am Tag aufs Klo!

Die Menschen lieben die süßen Pandas und holen sie gerne als
Publikumsmagneten in ihre Zoos
oder schenken sie als Kuscheltiere ihren Kindern.
Aber die Menschen lieben auch den Verkehr und wollen in Städten
wohnen, vor denen die Heimatwälder der Pandas dann immer
schneller weichen müssen.

Pandas gibt es seit zwanzig Millionen Jahren,
den Menschen noch nicht mal eine halbe Million Jahre.
Jetzt leben auf der Erde mehr als sieben Milliarden Menschen,
aber Pandas gibt es auf der ganzen Welt nur noch ungefähr tausend.

Zum Glück lebt der Panda nach seinem Instinkt, ohne darüber
nachzugrübeln, was er an seinem einfachen Leben verändern könnte.

Tiere denken nicht über die Zukunft nach.
Das ist die Verantwortung von uns Menschen.

FÜR DIE BERGE GEBOREN

Da ist er: der seltene Schneeleopard!
Ein einsamer Naturfotograf hat Wochen in seinem Versteck in den hohen,
verschneiten Bergen des Himalaja nach ihm Ausschau gehalten.

Bald können Kinder überall auf der Welt auf ihren Bildschirmen
den Leisetreter der Berge bestaunen.
Wenn der Schneeleopard am Berg ein Beutetier erspäht hat,
werden wir Zeugen einer wilden Verfolgungsjagd.

Die Natur hat den Schneeleoparden bestens ausgestattet:
Mit seinem gefleckten Pelz verschmilzt er vollkommen
mit der felsigen Landschaft.
Im Schnee funktionieren seine großen weichen Tatzen wie Schneeschuhe.
Der lange buschige Schwanz gibt ihm das nötige Gleichgewicht,
wenn er hinter seiner Beute einen Berghang hinunterstürmt.
Und wenn er sich ausruht, kann er sich in seinen Schwanz einrollen
und wärmen.

Ist es nicht toll, dass man einen Schneeleoparden auf diese Weise
aus der Nähe beobachten kann?
Der Mensch hat ihn auf Bildern eingefangen, aber zum Glück kann er
trotzdem in Frieden leben, weit weg von der menschlichen Zivilisation.

HOPSEN UND FAMILIENPLANUNG

Das Känguru hält das Gleichgewicht beim Hüpfen
mit seinem eindrucksvollen Schwanz
und regelt sein Familienleben durch genaue Planung.

Das neugeborene Junge dieser großen Kreatur sieht
aus wie ein winziger nackter Wurm.
Trotzdem hangelt es sich zielstrebig durch den Pelz
seiner Mutter bis zu ihrem Beutel, wo es Milch trinken kann.

Netterweise gibt es sogar zwei verschiedene Sorten Milch zur Auswahl.
Das größere Junge, das schon draußen herumläuft,
darf noch ab und zu in den Beutel springen und dort
eine gehaltvollere Milch trinken.

Währenddessen wächst im Bauch der Mutter schon ein drittes,
noch ungeborenes Junges heran.
Doch den Startschuss zur Geburt gibt sie erst,
wenn das ältere Kängurukind schon aus dem Beutel späht.

Die Mutter einer Kängurufamilie hat also alles im Griff.
Und sie muss sich keine Streitereien anhören,
wer von den Kindern als Nächstes im Beutel mithüpfen darf.

GEHEIMWAFFE: TOT STELLEN

Die zurückhaltende Cousine des Kängurus, die Beutelratte,
klettert mit ihren Jungen auf dem Rücken auf Bäume
und benutzt dabei ihren langen Schwanz geschickt als Steuerungshilfe.

Aber was ist denn jetzt passiert?
Das Tier liegt auf dem Boden und sieht aus wie tot!

Bestimmte Beutelratten sind so friedliebend,
dass sie ohnmächtig werden, wenn sie Gefahr wittern.

Aber gleichzeitig machen sie sich einen schlauen Trick zunutze:
Sie stellen sich so glaubhaft tot, dass sie sogar anfangen zu stinken!
Der Feind verliert sofort das Interesse: übel riechendes Aas – nein danke!

Wenn die Gefahr vorbei ist, rappelt die Beutelratte sich langsam auf
und geht auf Futtersuche.
Eine Schlange kommt ihr da gerade recht, denn das Gift der meisten
Schlangen kann ihr gar nichts anhaben.

NETZKÜNSTLERINNEN

Die Welt ist voller Spinnen.
Vielleicht sitzt so eine kleine Krabblerin jetzt sogar
irgendwo versteckt ganz in deiner Nähe.

Wenn du eine Spinne an einem Ast hängen siehst,
dann bleib doch mal kurz stehen und beobachte, was sie treibt.
Wenn sie ihre Netze zwischen den Zweigen spannt,
macht sie sich auch noch den kleinsten Windhauch zunutze.
Sie lässt sich blitzschnell am Faden fallen
und beginnt gleich wieder einen neuen Aufstieg.

Wenn die Fliegen in der Morgensonne in den hauchdünnen Fäden zappeln,
kannst du bestaunen, wie stabil das Netz ist.
Denn auch wenn sie sehr dünn scheinen:
Spinnfäden sind ein unglaublich kräftiges Material.

Wenn eine Spinne ein Netz aus bleistiftdickem Seil spinnen würde,
könnte man damit ein Flugzeug einfangen, als wäre es eine Fliege.

MIT DEM HAUS AUF DEM RÜCKEN

Hat der Mensch eigentlich schon irgendetwas erfunden,
wofür die Natur nicht seit Jahrtausenden Modell steht?
Schnecken trugen ihr Haus schon auf dem Rücken,
lange bevor die Menschen sich den Wohnwagen
ausgedacht haben.

Wenn eine Schnecke sich ausruhen will
oder wenn sie sich bedroht fühlt,
kann sie sich jederzeit zurückziehen
in ihr eigenes gemütliches Haus.

In Trockenphasen kann sie sich dort auch länger aufhalten.
Manchmal sogar bis zu drei Jahre.

Schnecken erzeugen außerdem ihren eigenen Straßenbelag:
Ihr Körper stellt einen Schleim her,
der sie vor Unebenheiten auf dem Boden schützt.
Alles, was davon übrig bleibt, ist eine feucht glänzende Spur.

Die kleinsten Schnecken sind so winzig,
dass du sie nur durch eine Lupe erkennen kannst.
Halte doch mal nach ihnen Ausschau!

Lupen hat natürlich der Mensch erfunden,
aber wusstest du, dass eine bestimmte Schneckenart
noch etwas viel Tolleres kann?
Sie kann sich ein neues Auge wachsen lassen!
Ist das nicht ein Wahnsinnstrick?

SEIT JAHRMILLIONEN UNTERWEGS

Tausendfüßler gehören zu den ältesten Lebewesen unseres Planeten.
Selbst als die Dinosaurier ausstarben,
kamen diese kleinen Krabbler mit dem Leben davon!

Manche Tausendfüßler sind Räuber,
die mit einer Giftzange ausgestattet sind.
Die größte Art, die in den Tropen lebt,
futtert sogar Mäuse, Frösche und Fledermäuse.
Ganz schön gruselig!

Allerdings hat kein Tausendfüßler in Wirklichkeit tausend Füße.
Trotzdem ist jeder einzelne Fuß wichtig.
Denn falls mal ein Unglück geschieht,
können Tausendfüßler sich neue Beine wachsen lassen!

Wenn man einen Tausendfüßler sehen will, reicht es,
im Wald oder im Garten einfach nur einen Stein umzudrehen.
Mit ihren vielen Füßen nehmen sie Reißaus vor dem Licht.
Wenn man einen in die Hand nimmt,
kann es allerdings ordentlich zwicken!
Besser also, man lässt die winzigen Räuber wieder ihrer
Arbeit nachgehen.

EIN FLEISSIGER LANDSCHAFTSARCHITEKT

Was passiert denn hier?
Ein großer Baum stürzt krachend zu Boden!
Etwa ganz von selbst?

Jetzt raschelt es im Schilf.

Ein Biber! Er hat den Baum
mit seinen starken, meißelartigen Zähnen durchgenagt
und so zu Fall gebracht.
Das schaffen sonst nur Menschen mit ihren Werkzeugen
oder die starken Elefanten im Dschungel.

Der Biber schleppt Baumstämme und Äste durchs Wasser,
er sammelt Blätter, Rinde, Schlamm und Gras.
Daraus baut er einen eindrucksvollen Damm.
In dessen Schutz liegt der weitläufige Bau der Biberfamilie.
Man findet ihn nur, wenn man ins Wasser taucht.

Mancher Landbesitzer ärgert sich vielleicht über die
Veränderungen, die so ein Biber in seinem Wald auslöst,
aber die Natur ist anderer Meinung:
Der Waldteich, der durch den Damm entstanden ist,
wimmelt von Leben.
Biber erhalten also die Vielfalt der Natur!

SCHUTZ DURCH SCHUPPEN

Auf dem Speiseplan des Schuppentiers stehen vor allem Ameisen:
Tausende am Tag, Millionen im Jahr!
Es fängt sie geschickt mit seiner klebrigen Zunge,
die fast einen halben Meter lang werden kann.

Dachtest du vielleicht, nur Fische haben Schuppen?
Auch das Schuppentier ist ganz mit Schuppen bedeckt!
Sie sind aus einem harten Material, so wie deine Fingernägel.

Begegnet das Schuppentier einem Feind, rollt es sich fest zusammen.
Und einer harten, umherrollenden Kugel kann kein Raubtier etwas
anhaben!

Doch leider gibt es ein Wesen, gegen das dieser Schutz nichts ausrichtet.
Es ist der Mensch.
Wilderer jagen die Schuppentiere, weil ihre Schuppen
angeblich Zauberkräfte haben sollen.

Was man nicht alles hört ...
Dabei ist doch die ganze Natur voller Zauberkraft!
Es nützt also gar nichts, sie den Schuppentieren wegzunehmen.

GEHEIMNISVOLLES SCHLÄNGELN

Igitt, eine Schlange!

Aber wenn du genauer hinschaust, liegt auf der Erde nur eine trockene, knisternde Haut.
Die Schlange selbst ist schon mit ihrem schönen neuen Mantel davongekrochen,
denn Schlangen häuten sich mehrmals im Jahr.

Viele Menschen haben Angst vor Schlangen oder finden sie eklig,
aber eigentlich müsste man sie bewundern.
Kein anderer Fleischfresser kommt mit so einer minimalen Ausstattung aus!

Wo hat eine Schlange die Beine, mit denen sie ihrer Beute hinterherlaufen kann?
Wo sind die Klauen zum Zupacken?
Und die Zähne zum Kauen?
Wie um alles in der Welt kommt dieses Reptil zwischen den anderen Tieren zurecht?

Schlangen haben dafür ihre ganz eigenen schlauen Tricks:
Wenn sie eine Beute erlegt haben, schlucken sie sie im Ganzen hinunter und
brauchen danach sehr lange, um ihre Mahlzeit zu verdauen, manchmal sogar Wochen!
Stück für Stück genießen ist nichts für Schlangen.

Wusstest du, dass diese seltsamen Wesen auch als Haustiere gehalten werden?
Viele finden doch tatsächlich, dass Schlangen niedliche und angenehme
Hausgenossen sind.

IM GRÜNEN SCHOSS DES REGENWALDES

In den Regenwäldern lebt, wächst und blüht
über die Hälfte aller Tier- und Pflanzenarten der Erde.

In diesen Wäldern regnet es häufig, und die Luft ist immer warm.
Die gewaltigen Bäume bilden ein so dichtes Dach,
dass es unten am Boden fast dunkel ist.
In den vielen Stockwerken des feuchten Grüns wimmelt es von Leben.
Die Tiere im Regenwald sind gute Kletterer,
die Pflanzen ranken sich an Baumstämmen empor.

Ohne den Regenwald würden in der Apotheke einige Medikamente
fehlen, und im Supermarkt würden wir Kakao und manche Nüsse
vergeblich suchen, von bestimmten saftigen Früchten ganz zu schweigen.
Die Wissenschaft entdeckt in den Pflanzen des Regenwaldes jeden
Tag etwas Neues.
    Was dort wohl noch für Leckereien und Wundermittel
    auf uns warten?

Manchmal werden in den Tiefen des Regenwaldes
Menschen gefunden,
die in dieser Schatzkammer der Naturwunder leben,
ohne Verbindung zur Außenwelt.
Kannst du dir das vorstellen?

Die Regenwälder wirken sich auf das Leben überall auf
der Erde aus, denn ihre reiche Pflanzenwelt ist lebenswichtig
für das Klima auf der ganzen Welt.

Wenn wir die Regenwälder schützen,
schützen wir also das Herz unseres Heimatplaneten.

KOBOLD MIT GROSSEN AUGEN

Ist das ein Frosch? Oder vielleicht ein Affe?
Ein ungewöhnlicheres Tier wirst du kaum finden.

Der Koboldmaki sieht einem Kobold wirklich sehr ähnlich.

Der haarlose Schwanz ist länger als das Tier selbst.
Auch seine Finger sind besonders lang – und noch dazu klebrig.

Seine riesigen, glühenden Augen kann der Koboldmaki nicht bewegen,
er muss immerzu geradeaus starren.
Dafür kann er den Kopf fast ganz herumdrehen.
Und mit seinen großen, papierdünnen Ohren
nimmt er auch noch das kleinste Rascheln wahr.

Wie ein Frosch hüpft dieses Wesen auf seinen langen Hinterbeinen
im Regenwald von einem Baum zum nächsten.
In dem grünen Zwielicht fängt es alle möglichen Leckerbissen:
Würmer und viele verschiedene Insekten.

Diese niedlichen Geschöpfe mit den großen Augen
haben viele Kinder als Stofftier zu Hause.
Aber hast du gewusst, dass diese Tiere auch quicklebendig
im Herzen des Regenwaldes wohnen?

DAS DSCHUNGELKLO

Was es nicht alles gibt!
Ein fleischfressendes Klo – hast du davon schon mal gehört?

Die Blüten der Kannenpflanze im Regenwald von Borneo
bilden tiefe Gefäße.
Darin schwimmt eine Flüssigkeit, die Insekten anlockt.
In dieser Flüssigkeit wird das Insekt zersetzt und dient so
der Pflanze als Nahrung.
Daher kommt der Name „fleischfressende Pflanze".

Aber das ist nicht alles:
Mäuse und Fledermäuse benutzen diese Kannen als Toilette!
Die Hinterlassenschaften dienen der Pflanze als wertvolle Nahrung.
Und während sie ihr Geschäft erledigen, lecken die Tiere
von den Blättern der Kannenpflanze eine süße Flüssigkeit.

So aufs Klo zu gehen ist schon seltsam, oder?
Aber es ist ja nun mal so,
dass alles, was Tiere produzieren,
für jemand anderen nützlich ist.

Über das geniale Recycling in der Natur braucht man
also wirklich nicht die Nase zu rümpfen.

UNSERE VERWANDTEN OBEN AUF DEM BAUM

Der Orang-Utan verbringt die meiste Zeit in Baumkronen
und frisst Früchte und frische Triebe.
Er ist das größte auf Bäumen lebende Tier.

Wann sind wir Menschen eigentlich von den Bäumen gestiegen?
Das fragt man manchmal zum Spaß,
aber es ist nicht zu bestreiten,
dass dieser Menschenaffe eng mit uns verwandt ist.

Die Orang-Utan-Mutter kümmert sich lange um ihr Kind,
genau wie eine Menschenmutter.
Sie säugt ihr Junges mehrere Jahre.
Das Kleine ist überall mit dabei,
denn beim Herumklettern in luftiger Höhe
muss Mama ihm vormachen, wie es geht.
Und wenn sie müde sind, rollen sie sich in
einem gemeinsamen Nest zusammen.

So ähnlich ist uns dieses gefährdete Tier also!
Dennoch ist der Mensch seine größte Bedrohung.
Denn wohin kann es gehen, wenn wir seinen Regenwald abholzen?

SUMM, SUMM – DAS GERÄUSCH DES LEBENS

Eine Sommerwiese ohne das Summen und Brummen von Insekten –
das wäre eine Landschaft ohne das Geräusch des Lebens.
Jedes Insekt in der Natur ist wichtig –
auch der kleine Quälgeist, den du mit der Hand verscheuchst.

Wenn man ein Honigglas aufmacht, kann man sich kaum vorstellen,
wie viele tausend Bienen den Nektar
für diese Leckerei gesammelt haben.
In ihren Bienenstöcken – ein großartiges Beispiel
für die Zusammenarbeit zwischen Mensch und Natur –
erzeugen die Tiere netterweise für uns den Honig.

Doch die klugen Bienen arbeiten auch untereinander zusammen.
Mit ihren wilden Tänzen können sie sich gegenseitig berichten,
wo sie die besten Blumenwiesen gefunden haben.

Die kleinen Summer tragen Blütenstaub von Blüte zu Blüte
und bestäuben sie dadurch.
Ohne sie wäre das Leben auf der Erde bald bedroht.
Beeren und Früchte würden nicht reifen, es gäbe kein Gemüse.
Alle hätten Hunger.

Während wir die leckeren Geschenke der Natur genießen,
ahnen wir kaum,
wie lebenswichtig die Aufgaben sind, die diese kleinen
Lebewesen für uns erledigen.

FLEISSIG WIE EINE AMEISE?

Das Gewimmel in einem Ameisenhaufen erinnert an eine Großstadt.
Gibt es da denn wirklich Gemeinsamkeiten?

Das Leben im Ameisenstaat ist von einer strengen Aufgabenteilung
bestimmt, in der jede einzelne Ameise brav für das große Ganze schuftet.
Ameisen können nicht wie Menschen über Gleichberechtigung nachdenken,
und sie wissen auch nicht, was Urlaub ist.

Die Gemeinschaft beider Lebewesen hat eine Menge Berufe hervorgebracht.
Bei den Ameisen gibt es Blattschneiderinnen, Soldatinnen,
Jägerinnen, sogar Wetterexpertinnen.
Die Arbeiterinnen halten das Nest sauber und schaffen Nahrung herbei.
Manche Ameisen kultivieren sogar Pilze, andere züchten Blattläuse,
die gemolken werden wie Kühe!
Untereinander verständigen die Tiere sich über ihren feinen Geruchssinn.

Die Königin tut nichts anderes, als Nachwuchs hervorzubringen.
Deshalb wird sie besonders sorgfältig gehegt und gepflegt,
aber eigentlich ist sie im Ameisennest so etwas wie eine Gefangene.
Auf Adlige braucht man also gar nicht neidisch zu sein.

Der Ameise sagt ihr Instinkt, was für das ganze Nest das Beste ist.
Der Mensch dagegen überlegt, versucht, probiert aus und macht Fehler.
Zum Glück gelingt ihm aber auch oft etwas, denn immerhin ist er ja
auch so fleißig wie die Ameisen!

DAS GUTE, DAS WAHRE UND DAS SCHÖNE

Für die meisten Lebewesen gehört der Kampf um Nahrung, Revier und
Geschlechtspartner zum täglichen Leben.
Der Mensch hat dafür ein Werkzeug namens Geld erfunden,
und welch Wunder: Er will immer mehr davon anhäufen!

Zum Glück ist der Mensch aber auch neugierig und will immer mehr wissen.
Durch die Beobachtung der Natur und das Zusammentragen von
Erkenntnissen hat er die Wissenschaft entwickelt.
Im Laufe der Jahrhunderte ist daraus auch die Technik entstanden.
Jetzt, wo ständig neue technische Geräte unser Leben bestimmen,
fragt sich der Mensch immer öfter:
Wofür kann man die Wissenschaft noch nutzen? Was ist das Wichtigste
im Leben?

Vor ein paar tausend Jahren lebte in Griechenland
ein weiser Mann namens Aristoteles.
Er ist in der ganzen westlichen Welt als Vater der Wissenschaft bekannt.
Er erforschte alles Mögliche, aber er dachte auch über genau diese Frage nach:
Was ist das Wichtigste für die Menschen?

Die Antwort, die er fand, lautet: das Gute, das Wahre und das Schöne.

Die Menschen in aller Welt sehnen sich nach diesen drei Dingen
und suchen sie überall.
Wie vielfältig und bunt die Kulturen sind, die sich daraus entwickelt haben!
Sie haben viel gemeinsam – Dinge, die du auch schon kannst:

Du grüßt jemanden, gibst ihm die Hand, umarmst ihn oder winkst.
Du bittest um Verzeihung, und dir wird verziehen.
Du hilfst, wenn jemand Hilfe braucht.
Du hörst einem Freund zu. Du bewahrst ein Geheimnis.
Du bittest um Hilfe. Du denkst daran, Danke zu sagen.
Du beruhigst jemanden, der sich erschreckt hat.
Du tröstest jemanden, der traurig ist.
Du singst ein Lied, das die ganze Welt kennt.
Du malst ein Bild. Du tanzt. Du hörst eine Geschichte. Du erzählst einen Witz.
Du träumst und denkst nach. Du schmunzelst. Du lachst.

All das heißt es, ein Mensch zu sein. Das Gute und das Schöne.
Und das Wahre?

Die Wahrheit ist, dass wir trotz unseres Menschseins auch Tiere sind.
Alles, was wir essen und trinken, kommt aus der Natur und kehrt dorthin zurück.
Wir sind ein Lebewesen unter vielen. Ohne Natur können wir nicht existieren.

Die ganze Natur lebt von der Zusammenarbeit, in der auch
das kleinste Lebewesen seine ganz eigene Aufgabe hat.
Nur der Mensch sucht sich seine Aufgaben selbst aus.

Zum Glück können wir schon aus Sonne und Wind Strom
erzeugen! Was werden wir wohl noch alles erfinden,
welche Wunder werden wir entdecken, wenn wir uns endlich
entscheiden, die Zusammenarbeit mit der Natur über alles andere zu stellen?

Darauf hoffen die Kinder überall,
darauf warten alle Lebewesen dieser Welt!

INHALT

- 7 UNSER BLAUER PLANET
- 8 OHNE MEER KEIN LEBEN
- 11 SCHLUMMERN IM SCHOSS DER WELLEN
- 12 SCHLAFLOS UND LEISE IN DEN TIEFEN DES MEERES
- 14 UNTERWASSERMUSIK
- 17 PFERD ODER FISCH?
- 19 ER SCHIESST UNTER WASSER
- 21 WÜRDE UND ZURÜCKHALTUNG
- 23 FRIEDLICHER RIESE
- 25 FÜR DIE BERGE GEBOREN
- 26 HOPSEN UND FAMILIENPLANUNG
- 29 GEHEIMWAFFE: TOT STELLEN
- 30 NETZKÜNSTLERINNEN
- 32 MIT DEM HAUS AUF DEM RÜCKEN
- 35 SEIT JAHRMILLIONEN UNTERWEGS
- 37 EIN FLEISSIGER LANDSCHAFTSARCHITEKT
- 38 SCHUTZ DURCH SCHUPPEN
- 40 GEHEIMNISVOLLES SCHLÄNGELN
- 42 IM GRÜNEN SCHOSS DES REGENWALDES
- 47 KOBOLD MIT GROSSEN AUGEN
- 48 DAS DSCHUNGELKLO
- 50 UNSERE VERWANDTEN OBEN AUF DEM BAUM
- 53 SUMM, SUMM – DAS GERÄUSCH DES LEBENS
- 55 FLEISSIG WIE EINE AMEISE?
- 56 DAS GUTE, DAS WAHRE UND DAS SCHÖNE